Bitácora de Acción de 30 Días de 5S

Fecha de Inicio:_____　　　　　　　　　　Area de Trabajo:_____

Fecha Registrada	Número de Artículo	Problema de 5S	Sugerencia para Resolver Problema	Quien es Responsable

Bitácora de Acción de 30 Días de 5S

Fecha de Inicio:_____   Area de Trabajo:_____

Fecha Registrada	Número de Artículo	Problema de 5S	Sugerencia para Resolver Problema	Quien es Responsable

Bitácora de Acción de 30 Días de 5S

Fecha de Inicio:_____   Area de Trabajo:_____

Fecha Registrada	Número de Artículo	Problema de 5S	Sugerencia para Resolver Problema	Quien es Responsable

Bitácora de Acción de 30 Días de 5S

Fecha de Inicio:_____   Area de Trabajo:_____

Fecha Registrada	Número de Artículo	Problema de 5S	Sugerencia para Resolver Problema	Quien es Responsable

Bitácora de Acción de 30 Días de 5S

Fecha de Inicio:_____   Area de Trabajo:_____

Fecha Registrada	Número de Artículo	Problema de 5S	Sugerencia para Resolver Problema	Quien es Responsable

Bitácora de Acción de 30 Días de 5S

Fecha de Inicio:_____   Area de Trabajo:_____

Fecha Registrada	Número de Artículo	Problema de 5S	Sugerencia para Resolver Problema	Quien es Responsable

Bitácora de Acción de 30 Días de 5S

Fecha de Inicio:_____   Area de Trabajo:_____

Fecha Registrada	Número de Artículo	Problema de 5S	Sugerencia para Resolver Problema	Quien es Responsable

Bitácora de Acción de 30 Días de 5S

Fecha de Inicio:_____   Area de Trabajo:_____

Fecha Registrada	Número de Artículo	Problema de 5S	Sugerencia para Resolver Problema	Quien es Responsable

Bitácora de Acción de 30 Días de 5S

Fecha de Inicio:_____   Area de Trabajo:_____

Fecha Registrada	Número de Artículo	Problema de 5S	Sugerencia para Resolver Problema	Quien es Responsable

Bitácora de Acción de 30 Días de 5S

Fecha de Inicio:_____   Area de Trabajo:_____

Fecha Registrada	Número de Artículo	Problema de 5S	Sugerencia para Resolver Problema	Quien es Responsable

Bitácora de Acción de 30 Días de 5S

Fecha de Inicio:_____   Area de Trabajo:_____

Fecha Registrada	Número de Artículo	Problema de 5S	Sugerencia para Resolver Problema	Quien es Responsable

Bitácora de Acción de 30 Días de 5S

Fecha de Inicio:_____

Area de Trabajo:_____

Fecha Registrada	Número de Artículo	Problema de 5S	Sugerencia para Resolver Problema	Quien es Responsable

Bitácora de Acción de 30 Días de 5S

Fecha de Inicio:_____   Area de Trabajo:_____

Fecha Registrada	Número de Artículo	Problema de 5S	Sugerencia para Resolver Problema	Quien es Responsable

Bitácora de Acción de 30 Días de 5S

Fecha de Inicio:_____   Area de Trabajo:_____

Fecha Registrada	Número de Artículo	Problema de 5S	Sugerencia para Resolver Problema	Quien es Responsable

Bitácora de Acción de 30 Días de 5S

Fecha de Inicio:_____   Area de Trabajo:_____

Fecha Registrada	Número de Artículo	Problema de 5S	Sugerencia para Resolver Problema	Quien es Responsable

Bitácora de Acción de 30 Días de 5S

Fecha de Inicio:_____   Area de Trabajo:_____

Fecha Registrada	Número de Artículo	Problema de 5S	Sugerencia para Resolver Problema	Quien es Responsable

Bitácora de Acción de 30 Días de 5S

Fecha de Inicio:_____   Area de Trabajo:_____

Fecha Registrada	Número de Artículo	Problema de 5S	Sugerencia para Resolver Problema	Quien es Responsable

Bitácora de Acción de 30 Días de 5S

Fecha de Inicio:_____   Area de Trabajo:_____

Fecha Registrada	Número de Artículo	Problema de 5S	Sugerencia para Resolver Problema	Quien es Responsable

Bitácora de Acción d 30 Días d 5S

Fecha de Inicio:_____   Area de Trabajo:_____

Fecha Registrada	Número de Artículo	Problema de 5S	Sugerencia para Resolver Problema	Quien es Responsable

Bitácora de Acción d 30 Días d 5S

Fecha de Inicio:_____   Area de Trabajo:_____

Fecha Registrada	Número de Artículo	Problema de 5S	Sugerencia para Resolver Problema	Quien es Responsable

Bitácora de Acción de 30 Días de 5S

Fecha de Inicio:_____   Area de Trabajo:_____

Fecha Registrada	Número de Artículo	Problema de 5S	Sugerencia para Resolver Problema	Quien es Responsable

Bitácora de Acción de 30 Días de 5S

Fecha de Inicio:_____   Area de Trabajo:_____

Fecha Registrada	Número de Artículo	Problema de 5S	Sugerencia para Resolver Problema	Quien es Responsable

Bitácora de Acción de 30 Días de 5S

Fecha de Inicio:_____   Area de Trabajo:_____

Fecha Registrada	Número de Artículo	Problema de 5S	Sugerencia para Resolver Problema	Quien es Responsable

Bitácora d Acción d 30 Días de 5S

Fecha de Inicio:_____   Area de Trabajo:_____

Fecha Registrada	Número de Artículo	Problema de 5S	Sugerencia para Resolver Problema	Quien es Responsable